DROITS DE L'ENFANT
NEW YORK 1989

Roland Godel

C'EST MOI QUI DÉCIDE !

oskar
éditeur

Tous les enfants...
... Ont les mêmes droits, quelles que soient
les opinions ou les croyances
de leurs parents ;
... Ont le droit de penser et de croire
librement, et de donner leur avis
sur ce qui les intéresse ;
... Ont le droit de recevoir
une éducation dans l'égalité
entre filles et garçons ;
... Ont le droit d'avoir des loisirs
et des activités adaptés à leur âge.

(Principes de la Convention
internationale sur les droits de l'enfant)

Chapitre 1

Le mystère de Safiyé

— Allez Estelle, c'est ton tour ! Tout le monde te regarde, alors fais le spectacle, montre-nous ta plus belle brasse !

Plaquée contre le rebord du grand bassin, je frissonne de la tête aux pieds. Et pas seulement à cause de l'eau froide ! Notre moniteur, M. Bouzidi, se tient de l'autre côté de la piscine. Les élèves sont alignés en rang d'oignon derrière lui, et ils m'observent en se marrant.

Pas question de passer pour une mauviette ! Impossible de me défiler, alors je pousse de toutes mes forces avec mes pieds contre les carreaux bleus pour prendre mon élan, et je commence ma traversée. Horrible ! Ces vingt mètres, on dirait qu'ils font un kilomètre ! Aux deux tiers du trajet, catastrophe : je bois la tasse. Je me mets à tousser, j'étouffe, je pleure, je panique. Ma brasse se transforme en nage de petit chien. Pathétique.

Je réussis enfin à rejoindre la rigole en béton, et je m'y agrippe comme à une bouée de sauvetage. M. Bouzidi me soulève par les aisselles pour me sortir de l'eau. À bout de souffle, je crache tout le liquide qui est entré dans mes poumons ; l'affreux goût de chlore a envahi mon nez, on dirait qu'il va brûler mon cerveau.

Le moniteur me lance avec entrain :

— Ça va aller, Estelle, ce n'est qu'un peu de flotte. En tout cas, bravo ! Tu y arrives chaque fois un peu mieux. Quand je pense que l'an dernier, en CM1, tu n'étais pas capable de mettre un pied dans l'eau sans risquer la noyade ! Tu verras : dans un mois, tu réussiras sans problème à faire la grande longueur.

Il est gentil, M. Bouzidi, mais la natation, ça ne sera jamais mon truc. Je le sais, c'est tout, et d'ailleurs ça m'est bien égal.

Chloé m'apporte ma serviette. Tandis que j'enveloppe mes épaules et que je réapprends à respirer, elle fait :

— Dis donc, pourquoi est-ce que Safiyé n'est de nouveau pas venue ? C'est la troisième fois de suite qu'elle manque le cours de natation !

— Pourquoi tu me demandes ça ? je croasse. J'en sais pas plus que toi !

— C'est ta meilleure amie, quand même !

— Ben justement, j'évite de lui poser des questions privées si elle ne veut pas en parler ! Le moniteur a dit qu'elle avait mal au ventre, c'est tout ce que je sais.

— Ouais... Mais c'est drôlement bizarre d'avoir mal au ventre trois semaines de suite, et juste à l'heure du cours de natation, tu ne trouves pas ?

— Écoute, c'est son problème. Je n'ai pas envie de m'en mêler.

Yacine a suivi la conversation. Il m'adresse son sourire de crocodile et lance :

— Ça te fait pas de mal d'être un peu sans elle. Vous êtes tellement collées vous deux, la blonde et la brune !

— Va te faire voir, Yacine ! C'est pas parce que personne ne t'aime que tu as besoin d'être jaloux des autres !

— Oh... la miss est vexée ! N'empêche que c'est mieux pour toi que Safiyé ne vienne plus. Tu arrives enfin à nager un peu. Quand elle est là, tu l'admires tellement que tu n'oses pas faire deux brasses !

— N'importe quoi ! Ça n'a rien à voir !

Fatima intervient à son tour :

— De toute façon, le problème, ce n'est pas Estelle : c'est Safiyé ! Moi, je crois qu'elle nous cache la vérité. Je trouve qu'elle a un drôle d'air, ces derniers temps.

— T'as raison ! enchaîne Chloé. C'est pas normal d'arrêter la natation à cause d'un mal de ventre. Safiyé, elle est comme un poisson dans l'eau. Pendant qu'on fait nos stupides exercices avec la planche, elle se tape six fois la longueur du bassin en crawl, et elle arrive même à renvoyer l'air sous l'eau !

— Ça, c'était l'année dernière, remarque Yacine. Elle nageait mieux que tout le monde. Mais depuis qu'on est passés en CM2, c'est comme si elle avait chopé la trouille de l'eau.

— C'est pas la trouille ! tranche Fatima. Pour moi, elle a un secret, et elle n'a pas le droit de le révéler.

Je me tais. Au fond de moi, je sais qu'ils ont raison : il y a un truc mystérieux chez Safiyé. D'ailleurs, je n'ai pas dit toute la vérité : en réalité, j'ai bien essayé de comprendre ce qui se passe. La semaine dernière, je lui ai demandé pourquoi elle ne venait plus à la piscine. Elle a baissé la tête et chuchoté :

— Je ne peux pas t'en parler, Estelle. Tu ne pourrais pas comprendre. Excuse-moi.

Après la pause de midi, Safiyé est de retour en classe, à sa place habituelle, à côté de moi. Elle me sourit timidement, puis elle plonge le nez dans son livre de maths. J'ai l'impression qu'elle évite de me regarder.

Pendant que le cours avance, je suis de plus en plus convaincue : je ne peux pas rester sans rien faire. Quand la cloche sonne, je me tourne vers Safiyé et je dis :

— Est-ce que tu voudrais venir prendre le goûter chez moi ? Ça fait un moment qu'on ne s'est plus vues tranquillement toutes les deux !

Elle hésite, fronce les sourcils, soupire ; je vois bien qu'elle est embarrassée. Elle finit par souffler :

— Bon, OK. Je passe d'abord à la maison pour dire que je vais réviser les maths avec toi, et j'arrive.

Chapitre 2

Les regards sales

C'est facile pour Safiyé de me rendre visite : elle n'a qu'à traverser la rue. Passer du mauvais côté au bon côté. À droite, où vit la famille Saracoglu, cinq longues barres d'immeubles gris autour desquels rôdent des bandes d'ados dès que la nuit tombe ; à gauche, chez nous, de petites maisons sagement alignées, avec leurs jardinets soignés.

On sonne à la porte. Papa vient tout juste de rentrer du bureau, c'est lui qui va ouvrir. J'entends sa grosse voix joviale :

— Tiens, une revenante ! Bonjour mademoiselle, que vous êtes jolie avec votre voile bleu. On dirait la Vierge Marie... sauf que Marie n'avait sans doute pas de si beaux yeux foncés !

Je sors de ma chambre au moment où maman apparaît sur le seuil de la cuisine. Elle lance :

— Tu l'ennuies avec tes âneries, Paul ! Bonjour, Safiyé, contente de te revoir chez nous. Tu peux ôter ton voile, si tu veux. Sens-toi à l'aise.

Safiyé ne se fait pas prier et libère son épaisse chevelure marron. Tandis que je la prends par la main pour l'entraîner dans ma chambre, papa reprend :

— Dis-moi, j'aimerais te poser une question : est-ce que tu portes ce cache-tête en permanence ?

Mon amie rougit vivement. Gênée, elle explique :

— Non. À l'école c'est interdit. Mais depuis cette année, je le mets quand je sors dans la rue. Ici, chez vous, je pense que j'ai le droit de l'enlever.

— Tu n'es pas un peu jeune pour te couvrir les cheveux ?

— Eh bien... mon père dit qu'il vaut mieux que je m'habitue. Parce qu'à l'adolescence, j'y serai bien obligée.

Je remarque que maman fait les gros yeux à papa. Voyant qu'il s'apprête à poursuivre la discussion, elle intervient sèchement :

— Laisse donc cette petite tranquille ! Tu n'as pas à juger les coutumes des autres. La liberté de croyance, tu connais ? Allez, Estelle, emmène ton amie dans ta chambre. Je vous apporterai le goûter !

Un peu plus tard, on savoure toutes les deux nos croissants aux amandes. On cause des copines de l'école, des garçons, des devoirs, des leçons qu'on déteste et de celles qu'on aime bien. Tout à coup, Safiyé change de sujet :

— Je sais que tu aimerais savoir pourquoi je ne viens plus au cours de natation. C'est dur à expliquer...

— T'es pas forcée.

— Non, mais j'aimerais essayer. Tu es ma meilleure amie, on s'est toujours raconté nos soucis, et ça m'ennuie de sentir que tu ne me comprends pas. Alors voilà. Tout à l'heure, ton père m'a posé des questions sur le voile. Eh bien la piscine, c'est un peu pareil : mon père à moi, il pense que je ne dois plus me montrer en maillot de bain. Il ne trouve pas bien de mélanger les garçons et les filles pour ce genre de leçon.

— Je croyais que tant qu'on était encore des enfants, ça ne vous posait pas de problèmes...

— Peut-être, mais je serai bientôt au collège, et papa croit que je dois me préparer. Il avait d'abord pensé que je pourrais porter un burkini, tu sais, ces tenues qui...

— Oui, je connais ! J'en ai vu sur Youtube.

— C'est ça. Mais à l'école on n'a pas le droit, comme pour le voile. Ils disent que c'est un signe religieux.

— Donc tu es coincée... En tout cas, ton père a l'air plus strict que les parents de Fatima ou de Safia.

— Possible... Tu vois, à la maison, on me dit tout le temps que je dois me montrer à la hauteur de mon prénom. Ce n'est pas évident.

— Qu'est-ce qu'il a de spécial, ton prénom ?

— Je ne t'ai jamais dit ce qu'il signifiait ? Chez nous, en Turquie, *Safiyé* ça veut dire « la pure ».

— Bon, c'est joli. Et alors ?

— Et alors… c'est là justement que tu ne peux pas comprendre. C'est à cause du regard des autres. Le regard des hommes.

— Il a quoi, leur regard ?

— Il est plein de désir et de vice. Il est sale, et c'est pour ça qu'il rend les femmes impures. Alors il faut se protéger, couvrir ses cheveux et dissimuler son corps, pour ne pas provoquer l'envie des hommes et attirer ces regards qui nous salissent.

— Ouah ! Mais au cours de natation,

on n'est pas avec des hommes. On est avec des garçons, des gamins qui sont même moins mûrs que nous !

— Il y a des hommes aussi à la piscine. Il y a le moniteur...

— N'empêche que c'est dur de t'interdire de venir. Tu aimes tellement ça !

— Mon père ne veut pas me faire du mal. Il essaie juste de m'aider. Il y croit, il est sincère.

— Et toi, tu y crois vraiment à tout ça ?

— Je ne sais pas... Je n'ai pas encore l'âge de savoir. De toute façon, je n'ai pas le droit de m'opposer à mon père.

Elle baisse les yeux et continue d'une voix un peu éraillée.

— Mais tu as raison : j'aime les cours de natation, ça me plaisait d'y aller avec vous. Ça me manque, et je trouve que c'est pas très juste... Mais je n'ai pas le choix, alors je m'efforce de ne pas y penser.

Pendant que je réfléchis à ce que je pourrais bien lui répondre, Safiyé me fixe droit dans les yeux et ajoute :

— Tu trouves qu'on est des gens anormaux ? Tu ne veux plus être mon amie ?

Je secoue énergiquement la tête.

— Bien sûr que non ! Tu sais, des croyances il y en a partout. Même chez nous. Imagine : l'année dernière, mon père a rouspété parce que ma mère avait pris des leçons de yoga pour se détendre. Pour lui, le yoga, c'est un machin hindou qui n'a rien à voir avec notre culture !

— Et alors, elle a dû renoncer ?

— Oh non ! C'est pas le genre de maman. Elle a engueulé papa, et il a fini par laisser tomber son préjugé débile.

— Eh bien chez nous ce n'est pas si simple. D'ailleurs, ça risque de chauffer bientôt : mes parents sont convoqués après-demain par la directrice. Je crois bien qu'elle veut leur parler de mon absence au cours de natation. J'ai peur que mon père s'énerve...

Quelqu'un sonne à l'entrée. Maman va ouvrir. Par ma porte entrebâillée, on entend une voix timide :

— Bonjour madame, pardon de vous déranger. Je viens chercher Safiyé, elle doit rentrer à la maison.

Je vois mon amie tressaillir, comme si elle était prise en faute.

— C'est Umut, souffle-t-elle. Il faut que je file, désolée !

Elle ajuste prestement son voile sur ses cheveux et va rejoindre son grand frère.

Chapitre 3

Grosse colère

Dans la rue, Umut empoigne énergiquement sa sœur par le bras et gronde :

— Dépêche-toi ! T'as intérêt à être à la maison avant que papa rentre du travail. Qu'est-ce que tu as fichu là-bas tout ce temps ? Tu as dit à maman que tu y allais pour réviser les maths, et tu n'as même pas pris tes affaires !

— J'ai causé avec Estelle, c'est tout. On avait un tas de trucs à se dire.

— Tu lui racontes des choses sur notre famille et sur nos règles ? C'est ça ? Tu as parlé de la piscine ?

— Elle a voulu que je lui explique. C'est normal, non ?

— Elle peut pas piger, alors c'est pas la peine de déballer nos histoires privées. Tout ce que tu réussis à faire, c'est de flanquer la honte à nos parents !

— Arrête ! Tu sais ce que c'est une amie ? Si je ne peux pas me confier à elle, avec qui est-ce que je pourrais discuter ? Toi, tu as beau être mon frère, tu te fiches totalement de ce que je pense. Tu soutiens toujours papa et tu me fais la morale.

— Papa sait très bien ce qui est juste, on n'a pas à le critiquer. Ce qu'il décide, c'est dans ton intérêt, pour te protéger.

— Non mais tu t'es écouté ? Tu as quatorze ans et tu parles déjà comme un vieux ! On dirait le perroquet de papa !

— Tais-toi ! Tu n'as pas le droit de l'insulter !

— Je ne l'insulte pas, je te réponds, c'est tout. Mais c'est vrai que pour toi c'est plus facile : tu es un garçon, tu n'as pas des obligations comme moi.

— Ah bon ? Et les prières ? Et les leçons d'islam ? Et la nourriture halal ? Et les fêtes ? Et...

— Ça, c'est juste la base pour tout le monde. Mais tu peux t'habiller comme tu veux, tu peux faire du sport, tu peux nager, tu peux sortir avec tes potes en étant juste normal, tu n'as pas besoin de mettre un foulard pour cacher tes cheveux !

— Tu exagères ! On te demande quand même pas de porter un niqab qui te cache complètement la figure !

— Et l'interdiction de piscine ? Tu trouves que ce n'est rien du tout pour moi ? La vérité, c'est que tu n'es jamais de mon côté, tu fais tout ce que veut papa pour rester son grand fils préféré, sa fierté !

— Et toi, tu es la préférée de maman. Chacun son camp, c'est logique.

— Maman, elle est tellement obéissante qu'elle ne dit jamais rien. Et moi je dois faire comme elle : obéir aux règles et la boucler !

Umut semble réfléchir. Tandis qu'ils commencent à longer leur immeuble, il grogne :

— Tu sais très bien que papa et maman t'aiment. Ils t'ont appelée Safiyé, n'oublie pas ce que...

— Oh, merci ! Je sais très bien ce que ça signifie. Toi, tu t'appelles Umut et si tu crois que tu mérites ce prénom, tu te trompes. J'aurais mille fois préféré m'appeler comme toi, même si c'est un nom de garçon !

— Justement, tu es une fille ! Et les filles ont des devoirs différents, c'est comme ça, c'est pour leur bien. Et maintenant, arrête de te plaindre et de protester, sinon je le dirai à la maison.

— Ça ne m'étonne pas, parce que tu es un lâche ! Tu as toujours été un lâche !

— Espèce de... tu vas le regretter !

La gifle claque sèchement. Safiyé reste paralysée, la main posée sur sa joue brûlante. Et puis des larmes montent à ses yeux. Des larmes de rage, silencieuses, qui coulent sur son visage. D'un geste brusque, elle arrache son foulard et le jette par terre. Puis elle file vers le bout de l'immeuble.

Umut ramasse le tissu et se met à courir.

— Safiyé, attends ! Je voulais pas... Excuse-moi, je n'aurais pas dû !

Il pénètre dans le hall d'entrée :

personne en vue. L'ascenseur est à l'arrêt au rez-de-chaussée. Aucun bruit du côté des escaliers.

Umut finit par trouver sa sœur dans le local à vélos. Recroquevillée dans un coin, elle a enfoui la tête entre ses genoux. L'adolescent s'assied à ses côtés. Tordant nerveusement le foulard entre ses mains, il lâche d'une voix sourde :

— Écoute, je suis désolé, tu m'as fait exploser en me traitant de lâche. Je sais que c'est pas très facile pour toi, tout ça, mais qu'est-ce que tu veux que j'y fasse, moi ?

Safiyé ne répond pas.

— En tout cas, reprend Umut, tu es ma sœur et tu le seras toujours, avec ou sans ton voile. Je suis pas contre toi, tu sais bien. Si tu es d'accord, on rentre à la maison et on ne parle pas de notre dispute. Je ne dirai rien sur tes idées et tu ne cafteras pas pour la gifle. OK ?

Sans lever la tête, elle rétorque :

— Tu crois qu'on peut tout effacer ? Je ne te dénoncerai pas, d'accord. Parce que ça ne servirait à rien. Mais je ne veux plus entendre tes reproches. Je ne veux plus que tu me dises comment je dois me comporter.

Umut se tait. Quand sa sœur se relève, il lui essuie maladroitement le visage à l'aide du voile et souffle :

— Montre-moi ta joue... bon, ça va, on ne voit presque rien. À peine une petite marque rose. Tu n'auras qu'à dire que tu t'es frottée, si maman demande.

— Tu vois : tu fais la brute et ensuite tu meurs de trouille que ça se retourne contre toi !

— Je me suis excusé. Si tu veux, je m'excuse encore. J'ai été nul, voilà. Viens avec moi maintenant, s'il te plaît. Et couvre tes cheveux, ça vaut mieux.

Chapitre 4

Dialogue de sourds

À 17 heures, un petit homme barbu s'avance dans le grand hall de l'école, déserté par les élèves en cette fin d'après-midi. Il porte un costume brun élimé, et sa tête est coiffée d'un bonnet tressé en coton blanc. Il semble un peu perdu, comme s'il n'avait jamais pénétré dans un établissement scolaire. Il fait le tour du hall, examinant chaque porte, et s'arrête enfin devant le bureau de la direction. Ignorant la sonnette, l'homme frappe trois coups secs.

Le battant s'ouvre aussitôt, laissant apparaître une grande femme mince vêtue d'un tailleur bleu marine. La main droite tendue, elle lance d'un ton enjoué :

— Vous devez être M. Saracoglu, le papa de Safiyé. Enchantée ! Je suis Jocelyne Chambas. Merci d'avoir répondu à mon invitation.

L'homme ne bronche pas, et la main de la directrice reste suspendue dans l'air. Hochant lentement la tête, le visiteur marmonne :

— Je ne peux pas vous toucher, madame. Je regrette.

Mme Chambas laisse retomber son bras en pinçant un peu les lèvres. Puis elle s'efforce de sourire et reprend :

— Ça ne fait rien. Vous êtes là, c'est le principal, n'est-ce pas ? Votre épouse ne vous accompagne pas ?

— Elle a des choses à faire à la maison. De toute façon, c'est moi qui ai la responsabilité des décisions concernant la famille. Ma femme partage mes points de vue.

— Entendu... Entrez donc, venez vous asseoir. Je vous présente notre moniteur de natation, M. Bouzidi.

Les deux hommes se saluent, puis tout le monde s'installe autour d'une table ronde. La directrice place ses mains jointes sous son menton et commence :

— Monsieur Saracoglu, votre fille ne se rend plus au cours de natation depuis presque un mois, et nous sommes préoccupés. La première fois, elle a dit à sa maîtresse qu'elle avait mal au ventre. Cela peut arriver, bien sûr, mais pour une absence aussi longue... Si Safiyé a un problème de santé, nous aurions besoin d'un certificat médical, voyez-vous ?

— Je n'ai pas de certificat à vous présenter, madame. Ma fille n'a pas besoin de consulter un médecin. Elle ne participe plus aux leçons de natation en plein accord avec ses parents.

— Excusez-moi, monsieur, mais je dois vous rappeler que ces cours sont obligatoires, comme tous les autres. Voulez-vous nous préciser pour quelle raison vous ne souhaitez pas que votre fille y participe ?

— Madame, ce sont des choses que vous ne pouvez probablement pas comprendre.

— Je pourrai peut-être ne pas être d'accord, mais si vous m'expliquez, je pourrai sûrement comprendre.

— Eh bien nous pensons que Safiyé est désormais trop grande pour participer à ces cours mixtes et pour s'exposer aux regards.

M. Bouzidi intervient d'une voix grave :

— De quels regards parlez-vous, monsieur Saracoglu ?

— Vous le savez très bien : je parle du regard des garçons et des hommes. Il est souvent chargé de désir malsain. Je veux en préserver ma fille.

— En la privant d'une activité importante et qui lui plaît énormément ?

— Écoutez, la piscine ça va clairement trop loin. Je trouve déjà injuste qu'on empêche Safiyé de porter son foulard à l'école. Ça fait tout de même partie de sa liberté personnelle et de sa liberté religieuse !

— Ces libertés sont garanties ! s'exclame Mme Chambas. Mais notre école publique est laïque, vous le savez. Elle ne veut pas des signes religieux ostentatoires, et ça vaut pour toutes les religions. Elle impose aussi l'égalité entre les filles et les garçons. Ce sont des principes de base du bon fonctionnement de l'école.

— Pour moi, l'égalité c'est éduquer tous les enfants en acceptant les croyances de chacun.

— Monsieur Saracoglu, je ne veux pas vous donner mon sentiment personnel. Il est vrai qu'il y a vingt ans, lorsque j'ai débuté dans ce métier, les signes religieux comme le voile étaient tolérés chez les élèves. Ensuite, la loi a changé. Et tous les cours sont obligatoires, y compris les activités sportives.

Il n'y a pas d'exceptions pour raisons religieuses et pas de permission pour des tenues spéciales. C'est la règle, elle vaut pour tout le monde au sein de l'école. En dehors, votre fille peut faire comme bon lui semble.

— Je fais preuve de bonne volonté, madame. J'ai accepté à contrecœur l'interdiction du foulard à l'école. Mais pour les cours de natation, vous en exigez trop. Je vous demande un peu de tolérance et de compréhension pour Safiyé.

— Mais elle n'a que dix ans ! lance M. Bouzidi.

— Elle a presque onze ans, et c'est une enfant précoce. Elle entrera bientôt dans l'adolescence, et nous lui rendons service en la préparant.

— La préparer à quoi, monsieur ? À vivre toute sa vie en se cachant et en renonçant à des activités qui sont bonnes pour tous ? Je peux vous garantir que les élèves sont parfaitement protégés à la piscine. Je ne laisserais jamais un garçon se comporter de manière irrespectueuse envers une fille !

— Il y a des adultes aussi, à la piscine publique. Certains rabaissent les femmes et les jeunes filles en les observant. Ce que nous faisons, c'est pour l'honneur de Safiyé. C'est pour sa liberté ! Toutes les femmes devraient se protéger ainsi. Cela éviterait aux hommes d'avoir des pensées indignes !

Satisfait de sa tirade, il pose ses paumes à plat sur la table et reprend :

— Je sais très bien que vous pensez autrement, parce que vous avez une autre éducation. Je n'essaie pas de vous convaincre : je vous demande seulement de respecter nos valeurs.

Mme Chambas hoche lentement la tête, puis elle déclare :

— Eh bien je crois qu'il est inutile de chercher à vous faire changer d'avis. Je suis donc contrainte de vous rappeler les règles en vigueur à l'école de la République. Sans raison médicale particulière, Safiyé doit participer à ces leçons. Si vous vous entêtez, votre fille risque l'exclusion de l'école publique. Voulez-vous vraiment qu'on en arrive là ?

Son hôte se lève brusquement.

— Madame, jusqu'à nouvel avis, c'est moi qui suis responsable de l'éducation de ma fille ! Vous n'avez pas à m'imposer vos règles. Je déciderai de ce qui est bon pour Safiyé.

Sans attendre de réponse, M. Saracoglu quitte la pièce et traverse le hall à grandes enjambées. En franchissant la porte, il bouscule une élève aux cheveux blonds qui pénètre au même instant dans l'école.

— Excuse-moi, bougonne-t-il en poursuivant son chemin.

— Euh... c'est pas grave, répond la jeune fille.

Elle le suit des yeux jusqu'à ce qu'il

ait disparu au coin de la rue. Alors elle murmure :

— Oh là là, ma pauvre Safiyé... Tu vas passer un sale quart d'heure !

Chapitre 5

Un vent de révolte

— J'aime les cours de natation, papa ! Je suis la meilleure de la classe ! Et puis Mme Chambas t'a bien dit que c'était obligatoire. Je vais avoir des ennuis si je n'y retourne pas.

À l'heure du dîner, les quatre membres de la famille Saracoglu sont assis à la table de la cuisine. Personne n'a encore touché au délicieux plat d'aubergines. La barbe du père frémit lorsqu'il répond à sa fille :

— Gare à toi ! Tu n'as pas à contester mes décisions. Nous en avons parlé et c'est ainsi. Tu profiteras toute ta vie de notre façon de nous comporter, car tu seras considérée pour ce que tu es au fond de toi et pas pour ton apparence. Sois fière de ne plus être salie par le regard des hommes.

— Et s'ils me chassent de l'école, je ferai quoi ?

— Ne t'inquiète pas pour ça. Si ces intolérants veulent t'exclure, je te trouverai un cadre plus adéquat pour ton éducation.

Safiyé secoue la tête et marmonne :

— C'est... c'est trop injuste.

D'un coup, ses yeux se remplissent de larmes. Elle les essuie prestement avec sa manche et s'écrie :

— Je ne suis pas d'accord, papa ! Ce qui est sale, c'est de penser comme ça ! Est-ce que pour toi je ne suis rien d'autre qu'un corps qui excite les hommes, un truc dégoûtant qu'il faut cacher ? Tu ne crois pas que ceux qui ont des idées vicieuses dans la tête, c'est justement les hommes qui veulent cacher les femmes ? C'est eux qu'il faudrait interdire de piscine, et pas moi !

Horrifiée, sa mère lâche un petit miaulement et pose prestement la main sur la bouche de Safiyé. Mais celle-ci la repousse brusquement et poursuit :

— C'est pas mon problème, le regard

des hommes ! C'est leur problème à eux ! Pourquoi tu veux m'empêcher d'être avec les autres pour faire ce que j'aime ? J'ai rien fait de mal, moi ! Je suis juste une fille, et j'ai pas choisi. Pourquoi... pourquoi est-ce que je devrais avoir honte ?

Sa voix s'est brisée. Entre-temps, M. Saracoglu s'est levé. Il fait lentement le tour de la table. Ses yeux sont durs et noirs comme des pierres.

— Osman, non ! crie sa femme.

De l'autre côté de la table, Umut a pâli. Effrayé, il enfonce la tête dans ses épaules. Son père lève le bras. Alors qu'il s'apprête à frapper, Safiyé repousse vivement sa chaise et court se réfugier dans sa chambre, qu'elle ferme à clé. Se précipitant sur ses pas, M. Saracoglu fait vibrer le battant à coups de poing en rugissant :

— Sors de là, petite diablesse ! Sors de là pour que je t'apprenne le respect !

En pleurs, Mme Saracoglu se jette aux pieds de son mari. Passant les bras autour de sa taille, elle supplie :

— Laisse-la tranquille, amour ! Ce n'est qu'une enfant, elle ne sait pas, elle ne peut pas comprendre. Sois patient, je t'en prie !

Resté seul à la cuisine, Umut a caché son visage entre ses paumes ouvertes. Son dos est parcouru de frissons. Des larmes tièdes s'accrochent au coin de ses lèvres ; leur goût salé, si familier, réconforte l'adolescent.

Chapitre 6

En flagrant délit

Depuis ce matin, Safiyé a vraiment l'air mal fichue. Elle n'a pas dit un mot, et j'ai l'impression qu'elle met toute son énergie à ne pas fondre en larmes. Dès que la cloche sonne l'heure de la pause, je l'emmène dans notre coin préféré du préau, à l'écart, sous le grand marronnier. Je lui prends les mains et je souffle :

— Ça s'est mal passé à la maison ? Raconte !

D'une voix blanche, mon amie me fait le récit de la scène du dîner : les mots qu'elle a osé prononcer, la rage de son père, les cris et les supplications devant sa porte, sa peur lorsque, pelotonnée sous son duvet, elle attendait que le battant vole en éclats et que...

Avec un sourire contrit, elle marmonne :

— Ça te choque, toute cette histoire, n'est-ce pas ? Tu dois penser qu'on est une famille de dingues...

— Pas du tout. Je me faisais du souci pour toi, c'est tout. Tu sais, j'ai croisé ton père hier. J'allais à mon cours de soutien de maths et lui, il devait sortir de son rendez-vous avec la directrice. Il avait l'air si furieux que j'ai compris que ça allait chauffer à la maison. J'ai pensé à toi toute la soirée.

— J'ai été folle de lui dire tout ça. Et ça ne sert à rien. Je n'ai pas le droit d'aller contre nos croyances.

— Pas d'accord ! Si tu as un autre avis, tu dois le défendre, sinon tu ne vivras jamais comme tu as envie. Ma mère connaît bien ça : elle aime mon père, mais elle se bagarre sans cesse contre ses principes, pour rester libre d'être comme elle veut.

— Si seulement ma mère osait faire la même chose, rien qu'un petit peu...

— Tu pourrais essayer de lui parler. Maman m'a toujours appris une chose : chaque individu a le droit d'avoir ses croyances, mais pas celui de les imposer aux autres, même à ses enfants. Tu as le droit d'avoir tes propres idées, et tu as le droit d'avoir la même éducation et les mêmes plaisirs que tout le monde !

— Ça, c'est ce qu'on dit dans tes livres ! Mais ce n'est pas comme ça que les choses se passent chez nous. Hier, j'ai pas pu contrôler ma colère, mais je ne peux pas continuer comme ça. Mon père deviendrait enragé, et ça ferait du mal à toute la famille. De toute façon, je n'ai pas vraiment envie de me fâcher avec lui. C'est mon père. Il m'aime, je le sais, même si des fois...

— Il a une drôle de façon de t'aimer ! Moi, je trouve que tu as été super courageuse de lui dire ce que tu penses. Tu dois te défendre. Ça ne veut pas dire que tu n'aimes pas ton père ou que tu ne le respectes pas. Lui aussi, il doit te respecter !

— T'es sympa, mais je crois que c'est trop dur pour moi. Je suis toute seule, à la maison. Personne ne me soutient, même pas mon frère...

— Bon, alors laisse tomber la bagarre pour le moment. Mais on pourrait chercher un moyen pour que tu puisses quand même faire ce que tu aimes, non ?

— Tu penses à quoi ?

— Le cours de natation : tu aimerais y aller ?

— Évidemment ! Mais tu sais que je ne peux pas. Et même si je désobéissais, je ne pourrais pas prendre mon maillot et ma serviette ; mes parents le sauraient.

— Tu dois ruser. Tu dois faire ça en

cachette. Je vais te dire : tu viendras à la prochaine leçon ! Tu raconteras à tes parents que tu vas réviser à la cantine et tu partiras avec tes affaires d'école, sans maillot ni serviette. Je t'en prêterai, je les apporterai pour toi. Ton père ne va tout de même pas venir vérifier où tu te trouves !

Safiyé réfléchit. Finalement, elle murmure :

— T'es dingue, Estelle. Mais je suis d'accord, on va tenter le coup !

Trois jours plus tard, je traverse en sautillant le bain désinfectant glacé. Safiyé marche lentement derrière moi. Elle est super stressée et fait de son mieux pour que ça ne se voie pas. M. Bouzidi est tellement content de son retour qu'il lui envoie une tape dans le dos, comme si elle était un de ses potes.

Dès que le cours commence, Safiyé retrouve le sourire. Le moniteur lui propose de s'entraîner à faire des longueurs en crawl pendant qu'il continue à nous exercer à la brasse au bas du bassin, là où on peut toucher le fond avec la pointe des pieds. Je contemple mon amie, qui fend l'eau bleue en traçant un sillon de bulles derrière elle. Elle est tellement à l'aise ! Ses jambes battent comme des ailes d'hirondelle, ses bras voltigent gracieusement, et son visage oscille en rythme parmi les vaguelettes.

Parvenue à l'autre bout du bassin, elle se hisse sur le rebord et m'adresse un signe de la main, puis elle se met en position pour plonger. Tout à coup, elle se fige comme une statue. Sa tête est tournée vers la grande baie vitrée qui sépare la piscine de la cafétéria publique. Je suis la direction de son regard : derrière la vitre se tient un petit homme qui observe Safiyé. Il porte un costume fatigué. Son visage est orné d'une barbe noire en collier, un bonnet blanc coiffe son crâne.

Livide comme un fantôme, Safiyé va ramasser sa serviette. Puis elle file vers la sortie, tête basse. Je crie dans son dos :

— Attends !

Elle ne se retourne pas.

Ce n'est qu'en m'entendant crier que M. Bouzidi remarque son départ. Il me jette un coup d'œil interrogateur, et je lui montre du doigt la baie vitrée derrière laquelle M. Saracoglu se tient toujours, immobile.

— Oh misère ! soupire le moniteur.

D'une voix sonore, il ordonne :

— Sortez tous de l'eau ! Séchez-vous et attendez-moi à côté du banc. Je reviens dans deux minutes.

Un quart d'heure après, il est de retour. Le visage fermé, il nous lance :

— C'est bon les enfants, on reprend la leçon. Tout le monde à l'eau !

Quand je passe devant lui, M. Bouzidi m'adresse une grimace de dépit et souffle :

— Désolé pour ton amie. La situation n'est pas simple, mais je ne peux rien faire pour elle, malheureusement...

Chapitre 7

Une aide inespérée

Surprise : mon amie débarque chez nous au moment où on a terminé de dîner. Elle tremble tant qu'elle n'arrive pas à articuler normalement. Tout le monde va s'asseoir au salon. En balbutiant, Safiyé nous fait comprendre qu'il y a eu une terrible dispute à la maison.

Après l'avoir piégée à la piscine, son

père l'a ramenée sans prononcer un mot. Il l'a enfermée dans les toilettes et l'a laissée seule pendant deux heures dans le noir pour qu'elle prenne conscience de sa faute. Puis il l'a fait venir à la cuisine et lui a dit qu'il se méfiait déjà d'elle ces derniers temps et que, désormais, la confiance était rompue. Il lui a annoncé sa décision de la retirer de l'école pour lui faire suivre une éducation spéciale chez un maître religieux qui saura la remettre sur le droit chemin. Elle n'aura plus le droit de voir ses amis, de sortir sans être accompagnée, d'écouter de la musique, de regarder la télévision ou d'aller sur Internet.

Safiyé n'a pas tenté de résister. Elle

est restée muette et passive. Quand son père lui a ordonné de filer dans sa chambre et de se mettre au lit, elle a fait mine d'obéir. Elle a éteint la lumière, elle s'est allongée tout habillée et a guetté les bruits de l'appartement. Lorsqu'elle a entendu le cliquetis familier des fourchettes et des couteaux, elle est sortie sur la pointe des pieds et a quitté discrètement l'appartement pour filer directement chez nous.

Safiyé s'interrompt. Un sanglot dans la voix, elle lâche :

— Je ne veux pas y retourner. Est-ce que je pourrais dormir ici cette nuit, s'il vous plaît ?

Je vois que maman est toute chamboulée. Elle pose doucement ses mains sur les épaules de mon amie et souffle :

— Ma pauvre petite. Je voudrais t'aider, mais je n'ai pas le droit de te cacher ici sans le dire à tes parents. Il faut que je leur téléphone. Attendez-moi ici, je vais tenter d'arranger ça.

Tandis que maman va s'isoler dans la cuisine pour parler, je prends mon amie par la main et je murmure :

— Je suis tellement désolée... Tout ça c'est ma faute, c'est moi qui t'ai forcée à tricher, pour la piscine.

Elle serre mes doigts dans les siens et chuchote :

— Tais-toi ! C'est moi toute seule qui ai décidé de le faire. Tu m'as juste aidée à être courageuse.

Assis en face de nous, mon père fixe le tapis avec un drôle d'air. Au bout d'un moment, Safiyé fait timidement :

— Je... je m'excuse de vous causer tous ces ennuis à cause de notre religion.

Papa inspire profondément. J'ai peur qu'il se lance dans un de ses discours pathétiques pleins de conseils préhistoriques. Ce n'est vraiment pas le moment ! Mais au lieu de ça, il prend sa voix gentille, la voix qu'il avait autrefois quand il me racontait des contes :

— Tu sais ce que je pense sincèrement, jeune fille ? Aucune religion n'est meilleure ou supérieure à une autre. Tout dépend de ce qu'on en fait, comment on l'interprète et comment on la comprend. Moi-même, je ne suis pas un modèle pour cela. J'ai reçu une éducation un peu... stricte. Mais j'ai une épouse intelligente et libre d'esprit qui me remet les idées en place chaque fois qu'elle trouve que je suis trop rigide ou trop intolérant.

Il hoche lentement la tête avant de poursuivre :

— L'important, c'est que, quelle que soit notre religion, nos filles et nos garçons aient les mêmes droits, les mêmes possibilités pour leur avenir, le même respect de la part des adultes, la même liberté pour grandir et s'épanouir. Voilà ce que je crois. Et même si je ne suis pas toujours parfait, je fais de mon mieux pour...

Il s'interrompt, car la porte de la cuisine s'est ouverte. Je suis soulagée, parce que je crois bien que papa était parti pour une heure de blabla ! Tous les yeux se braquent sur maman. Elle contemple Safiyé avec un sourire navré et annonce :

— J'ai pu parler avec ta mère. Elle regrette vraiment ce qui est arrivé et elle te demande de rentrer tout de suite. Elle ne veut pas s'opposer aux décisions de ton père, mais elle a discuté avec lui, et elle promet qu'il ne te fera rien. Je crois que tu dois retourner chez toi, ma puce. De mon côté, je vais informer Mme Chambas de la situation dès demain. Je suis sûre qu'elle interviendra de manière appropriée. Car ton père n'a pas le droit de t'interdire la piscine, et encore moins celui de te retirer de l'école pour confier ton instruction à je ne sais quel illuminé !

Tandis que Safiyé se lève, je m'écrie :

— Je peux la raccompagner jusque chez elle, maman ?

— Pas question ! s'exclame papa, qui semble tout à coup avoir oublié ses beaux discours. Je ne veux pas que tu te balades le soir dans ce coin où...

— Laisse ! coupe maman. Il ne fait pas encore nuit, et ça leur fera du bien à toutes les deux. Je les surveillerai depuis le jardin.

Nous traversons la rue, main dans la

main. J'essaie de transmettre à mon amie tout ce que je peux de courage et d'énergie. Au bas de son immeuble, elle demande :

— Tu veux bien monter avec moi jusqu'à la porte de l'appartement ?

— OK, je te suis.

C'est M. Saracoglu qui ouvre. Il nous contemple longuement en plissant les yeux et finit par bougonner :

— Tu n'es pas venue seule, ma fille ? Tu as besoin d'un témoin pour parler avec moi ?

— Pardon papa, bredouille Safiyé. Ce n'est pas ça ; c'est juste que je devais rendre à Estelle des affaires d'école qu'elle m'avait prêtées, et elle a proposé de me raccompagner jusqu'ici.

— Umut pourra les rapporter chez elle. Entre, maintenant ! Et dis adieu à cette jeune fille, car tu ne la reverras pas de sitôt.

Je sens les doigts de Safiyé se refermer comme une griffe autour de ma paume. Elle colle sa bouche contre mon oreille et souffle :

— Merci pour tout, Estelle. Tu seras toujours ma meilleure amie. Vas-y maintenant, ne t'inquiète pas pour moi !

La porte se referme devant mon nez, et je me détourne lentement. Comment veut-elle que je ne sois pas inquiète ? En vérité je suis morte de trouille. Un essaim de vilaines bêtes noires bourdonnent dans ma tête.

Pendant ce temps, Safiyé rejoint sa mère qui l'attend dans le salon. La fillette court se réfugier entre ses bras. Derrière elle, son père ordonne sèchement :

— Assez ! Notre fille ne mérite pas de réconfort. Je veux qu'elle aille tout de suite dans sa chambre, et je vais être obligé de l'enfermer puisqu'elle fait sa rebelle et qu'elle ment. Demain matin, je la conduirai auprès de son nouveau maître. Tout est organisé.

Le cœur de Safiyé bat à cent à l'heure. Le visage enfoui dans la tunique moelleuse de sa mère, elle réfléchit à toute vitesse. Elle ne peut pas accepter ça, c'est trop injuste. Elle ne peut pas être privée d'école et de copines. Elle ne peut pas devenir prisonnière dans sa propre maison !

Faisant volte-face, elle regarde son père droit dans les yeux et lance :

— Non papa, tu ne peux pas m'obliger à faire ce que tu veux ! Je ne suis pas différente des filles de ma classe. J'ai le droit d'aller à la piscine et à l'école ! J'ai le droit d'avoir les mêmes loisirs que les autres !

M. Saracoglu tressaille vivement et rugit :

— Co... comment oses-tu ! Viens ici, pour que je te montre qui décide dans cette maison !

Il fait deux pas menaçants vers sa fille. Mais celle-ci ne bronche pas et reprend :

— Tu peux te fâcher contre moi si je fais des mauvaises choses. Mais quand je ne fais rien de mal, quand c'est juste des trucs normaux de la vie, c'est moi qui décide ! C'est mon droit !

Son père rougit brusquement. Ses yeux se plissent, sa bouche se tord. Lentement, il détache la ceinture de son pantalon. Il l'empoigne de la main droite et fulmine :

— Maudite ! Tu as franchi les limites. Je vais t'apprendre qui commande ton éducation !

Il dresse le bras à la verticale, brandissant la ceinture. Umut se précipite devant sa petite sœur en hurlant :

— Papa, non !

La lanière de cuir s'abat sur la joue de l'adolescent, qui s'effondre en gémissant.

Figé par la surprise, tenant toujours sa ceinture, M. Saracoglu contemple son aîné qui sanglote, roulé en boule, le visage caché entre ses coudes. Avec un cri aigu, sa femme se courbe par-dessus leur fils pour le protéger.

Terrifiée, Safiyé s'éloigne à reculons. Juste avant de quitter l'appartement, elle lance :

— Je te déteste, papa ! C'est toi qui fais du mal à tout le monde avec tes règles. Je ne t'obéirai plus, je m'en vais loin de toi !

Chapitre 8

Un si beau prénom

— Oh, Estelle... Heureusement que tu étais là ! Je tremble tellement que je ne tiens pas debout !

Je soutiens de toutes mes forces mon amie par la taille. On vient de dévaler les marches de l'escalier quatre à quatre depuis le cinquième étage et on est adossées aux boîtes aux lettres dans le hall de son immeuble pour reprendre notre souffle.

Quand Safiyé est sortie en claquant la porte de l'appartement, elle m'a trouvée sur son palier. J'étais restée là, incapable de rentrer immédiatement chez moi. J'avais tellement peur pour elle... Comme une espionne, j'avais collé l'oreille au battant. Je pouvais entendre presque tout ce qui se passait à l'intérieur. Au fur et à mesure que le ton montait, je m'étais mise moi aussi à trembler comme une malade. J'étais en train de me demander s'il fallait appeler la police quand Safiyé a jailli brusquement.

À présent, elle est si bouleversée qu'elle n'arrive plus à réfléchir. Je comprends que c'est à moi de prendre la direction des opérations.

— On ne peut pas rester là ! Ton père

va arriver dans un instant, il va te massacrer. Viens, on va se réfugier chez moi ! Mes parents vont t'aider.

Safiyé secoue énergiquement la tête.

— Je ne veux pas que tes parents soient mêlés à nos histoires. Je n'ai pas envie qu'ils aient des problèmes avec mon père.

— Mais qu'est-ce que tu veux faire, alors ? Il faut partir d'ici, vite !

— Je... je sais : je vais aller me cacher dans le local à vélos. Je fais ça, parfois, quand j'ai besoin d'être tranquille. Je peux très bien passer la nuit là-dedans. Demain matin, j'irai voir la directrice pour lui raconter ce qui arrive à la maison. Elle saura quoi faire. Rentre chez toi, ta mère est sûrement déjà en train de s'inquiéter !

— Exclu ! Je ne vais pas t'abandonner maintenant. Montre-moi comment il est, ce local à vélos : je veux voir si tu es en sécurité là-bas.

Le local est plus propre et plus calme que ce que j'imaginais. Safiyé m'assure qu'il n'y vient jamais personne à cette heure, et que son père ne la trouvera pas. Elle repère une petite place dans un coin, derrière un tas d'engins rouillés, et déclare :

— Ça ira. Même si quelqu'un entre, il ne me verra pas. Va-t'en maintenant !

— D'accord, mais je t'avertis : je vais tout raconter à mes parents. Je crois que tu ne te rends pas compte que c'est grave, parce que tu es dans un état bizarre.

— Je suis calme à présent. Regarde mes mains : je ne tremble presque plus.

— Tu n'as pas peur de ce qui va se passer ?

— J'en sais rien. Je suis contente d'avoir dit ce que je pensais. Je me sens comme... comme si d'un coup j'étais plus forte.

— OK, mais franchement, j'aimerais mieux que...

Je suis interrompue par des cris à l'extérieur de l'immeuble :

— Safiyé ! Safiyé, ma fille, où es-tu ? Montre-toi, je t'en supplie !

C'est sa mère ; sa voix s'éloigne. Elle est sûrement en train d'aller chez moi. Safiyé est déjà à la porte. On sort du garage toutes les deux et on pique un sprint pour rattraper Mme Saracoglu au moment où elle atteint la rue.

— Maman ! Je suis là ! crie Safiyé.

Sa mère se retourne. Elle porte une grande sacoche en bandoulière. Agitant les bras, elle s'écrie :

— Oh mon cœur, te voilà ! Dieu soit loué. Viens vite avec moi, je vais t'emmener à l'abri !

— Je ne veux pas rentrer à la maison, maman !

— Tu n'iras pas, ma chérie. Nous allons chez ta tante. J'ai fourré en vitesse quelques affaires dans ce sac. Ton père ne fera plus jamais de mal à ses enfants, j'y veillerai. Je t'éloignerai de lui jusqu'à ce que je sois sûre qu'il est capable de changer d'attitude.

— Et Umut ?

— Il est déjà parti de son côté. Nous le trouverons là-bas.

— Papa vous a laissés partir sans s'opposer ?

— Quand je suis sortie, il était assis sur le canapé et il pleurait. Je crois qu'il a besoin de réfléchir à ce qu'il a fait.

Safiyé me serre très fort dans ses bras pour me dire au revoir. Au moment de s'en aller, elle chuchote :

— Au fait, je t'ai déjà dit ce que signifie le prénom de mon frère ?

— Euh, non...

— Umut, ça veut dire l'espoir !

Du même auteur
"Droits de l'enfant, New York, 1989"

Roland Godel

Je ne suis pas ton esclave

Loïc va mal. Il s'endort parfois en classe et subit la colère de son maître parce qu'il n'a pas fait ses devoirs. Flavie, sa camarade, s'inquiète pour lui et tente de le faire parler mais en vain. Pourquoi, depuis le décès de son père, le quotidien de Loïc à la maison est-il devenu un enfer ? Trouvera-t-il le courage de s'en sortir ?

Du même auteur chez Oskar

J'ai osé dire non

Quentin et Pedro sont les terreurs de l'école. Et leur nouvelle victime, c'est Thomas, l'un des meilleurs élèves de la classe. Chaque jour, ils l'obligent à faire leurs devoirs. Et tous les soirs, enfoui sous sa couette, c'est le même calvaire. Thomas souffre car il a peur des représailles s'il dénonce ces deux voyous. Comment le garçon arrivera-t-il à mettre un terme à ce harcèlement ?

Le secret de mon père

Le père de Vincent et Corinne meurt brusquement dans un accident. Il tenait dans son poing une mystérieuse petite clé. Tandis que leur mère se morfond, les enfants se souviennent du comportement étrange qu'avait leur père depuis un an. Ils décident d'enquêter sur les raisons de l'accident, et finiront par découvrir un lourd secret de famille touchant aux ascendances de leur père.

Le sens de l'honneur

"Juste après l'uppercut, je me suis senti vide. Il y a eu ce silence, comme dans une église."

Thèmes : adolescence, violence, homosexualité

Publié par Oskar éditeur
21, avenue de la Motte-Picquet
75007 Paris - France
Tél. : +33 (0)1 47 05 58 92
E–mail : oskar@oskareditions.com
Site Internet : www.oskareditions.com

Auteur : Roland Godel
Graphisme : Laurence Ningre
Direction éditoriale : Françoise Hessel

ISBN : 979-10-214-0684-1
Dépôt légal : Juin 2019
Imprimé en Europe
Loi n° 49–956 du 16 juillet 1949
sur les publications destinées à la jeunesse